Das Lied deines Seelenvogels

Originalausgabe
© ch. falk – verlag 2005
Umschlaggestaltung und Satz:
B. Brand
Druck: Druckhaus Köthen
ISBN: 3 – 89568 – 151 - 2
Printed in Germany

Das Lied deines Seelenvogels

Text von Jutta Westphalen
Illustrationen von Birgit Brand

ch. falk verlag

In einem fernen schönen Land
leben Vögel...
so bunt und schillernd im Gefieder,
dass es noch kein menschlicher Mund
beschreiben konnte.

Der Himmel ist dort weit und klar.
In den Seen und Flüssen
fließt reines Wasser,
in dem sich Berge und Wälder
widerspiegeln.

Die Luft dieses Landes ist mit dem
wunderschönen Gesang
unzähliger Seelenvögel erfüllt.

Jeder singt seine eigene zarte Melodie.
Gemeinsam wirken sie
wie ein machtvolles Orchester,
das eine Lobeshymne
auf das Leben erklingen lässt.

Dies ist das Land der geheimnisvollen
Seelenvögel.

Man kann unmöglich sagen,
welcher der unzähligen Vögel
der schönste ist!

Und doch - wenn du in dieses Land reist,
wirst du einen Vogel treffen,
der anders ist als alle anderen.

Du wirst ihn erkennen
und er wird deine Nähe suchen.
Er ist noch schöner als alle anderen
und singt ein Lied - ein Lied nur für dich.

Dies ist deine einzigartige Seelenmusik,
die direkt zu deinem Herzen spricht.

Hast du deinen Seelenvogel gefunden,
wird er sich auf deine Hand setzen
und dir eine seiner bunt - schillernden
Federn schenken.

Wenn du sie achtsam bewahrst
und wie einen Schatz hütest,

kommt dein Seelenvogel zu dir,
wann immer Du an ihn denkst
oder seine zauberhafte Feder berührst.

Dies sind kostbare Momente,
in denen du sehr glücklich bist.

Verlierst du aber die Feder
und vergißt deinen Seelenvogel,
fällt dir dies erst gar nicht auf...

Doch irgendwann einmal gibt es einen
Moment,
an dem du dich erinnerst...

Vielleicht wenn du Musik hörst,
die ähnlich wundervoll klingt
wie der Gesang deines Seelenvogels.

Oder wenn sich ein Sonnenstrahl
in einem Wassertropfen spiegelt
und dich an die schimmernden Federn
erinnert.

Dies sind Momente,
in denen du eine tiefe Sehnsucht in dir fühlst.

Aber auch wenn du
deinen Seelenvogel vergißt,
wird er dir leise ins Ohr zwitschern.

Mit seinem zarten Gesang
will er dir Freude
und Sicherheit schenken.

Lauscht du aber nie auf seine Stimme,
ist es ständig laut und hektisch
um dich herum,
dann wird er irgendwann müde
und scheu.

Er entscheidet sich dann,
für einige Zeit
ins Land der Seelenvögel zurückzukehren.

Dies sind Zeiten in deinem Leben,
in denen du dich einsam und verloren fühlst.

Auch wenn du lange, lange Zeit
deinen Seelenvogel vergißt,
gibt es für ihn viele Möglichkeiten,
zu dir zu sprechen...

Vielleicht schickt er dir einen Menschen,
der dir sein Vertrauen und seine Freundschaft
schenkt.

Oder er führt dich an einen Ort,
an dem du dich wohl und geborgen fühlst.

Manchmal legt er dir ein Buch in die Hände,
das dir von ihm erzählt.

Oft sind es auch ganz kleine Hinweise,
die dich an ihn erinnern...

Womöglich denkst du nach langer Zeit
wieder einmal an einen lieben Freund
und später findest du einen Brief von ihm
in der Post...

Dies sind Zeichen,
die dir Leichtigkeit und Hoffnung schenken.

Wenn du diese Zeichen erkennst,
dann schickt dir dein Seelenvogel
wunderschöne Träume,
die dir von ihm erzählen.

Bilder und Märchen, Geschichten aller Völker
berichten von der Suche
nach dem Seelenvogel.

So sagt er dir,
dass du - wie viele Menschen vor dir -
auf einer großen Reise bist.
Und wie viele Menschen vor dir ihr Ziel
erreicht haben,
wirst auch du dein Ziel erreichen!

Dies sind Momente in deinem Leben,
in denen du neue Kraft schöpfst.

Bevor du dich auf die Suche
nach deinem Seelenvogel begibst,
verspürst du eine große Sehnsucht
in deinem Herzen.

Du möchtest dich erinnern
an die unverwechselbare Melodie,
die dein Herz so berührt hat.

Auch wenn du viele Freunde hast,
viele Menschen, die du liebst und die dich lieben...
Diese Sehnsucht können sie nicht erfüllen.

Dies ist das Sehnen nach deinem Seelenvogel
und deiner ganz eigenen Seelenmusik.

In diesem Moment ist er schon sehr nahe,
sehr viel näher, als du denkst!

Es ist ganz einfach,
denn in diesem Moment mußt du dich entscheiden,
was dir wirklich wichtig ist.

Entscheidest du dich,
so weiter zu leben wie bisher,
kann dein Seelenvogel nur durch Zeichen
zu dir sprechen,
die du nicht immer verstehen wirst.

Langsam jedoch erkennst du die Hinweise.
Wenn du ihnen vertraust und danach handelst,
fühlt es sich gut und richtig an.

Dein Gespür für das,
was vom Seelenvogel kommt,
wird stärker und klarer.

Dies sind Momente in deinem Leben,
in denen du dich kraftvoll und stark fühlst.

Wenn du dich entscheidest,
deinem Seelenvogel zu folgen...
wenn du dich bemühst, ihn zu finden
und seinem Gesang zu lauschen...
... dann werden viele Zeichen und Botschaften
für dich sichtbar.
Geheimnisvolle Dinge geschehen, und vieles
fügt sich in deinem Leben
auf magische Weise.
Der Gesang deines Seelenvogels bringt dich
deinem inneren Rhythmus wieder näher.
Dein Leben wird lebendig,
fröhlich, abwechslungsreich, farbig
und voller Überraschungen.
Du wirst Gedanken haben,
die anderen Menschen Freude bringen
und Mut machen.
Du wirst Freunde haben,
die dir gerne weiterhelfen.
Und du wirst eine tiefe Liebe finden in dir!
Diese Liebe ist dein lautes „Ja" zum Leben;
zu deinem Leben
und allem Leben um dich herum.
Gemeinsam mit deinem Seelenvogel
singst du dein ganz persönliches
Lied des Lebens.

Ganz egal, welchen Weg du im Leben gehst,
irgendwann kommt ein Moment,
in dem du deinem Seelenvogel sehr nahe bist!

Er sitzt auf deiner Hand und singt so wunderschön,
dass sein Gesang dein Herz erreicht
und deine Tränen fließen.
Tränen des Glücks und der Dankbarkeit.

Du wünschst dir deinen Seelenvogel
so nahe bei dir
wie nur möglich.
So preßt du ihn an dein Herz...

In diesem Moment wird ein Wunder geschehen:

Dein Herz öffnet sich...
und dein Seelenvogel
kehrt zurück in seine Heimat...

Von da an wird er in deinem Herzen wohnen!

Dies wird der allerschönste Moment
in deinem Leben sein.

Von nun an wird alles anders für dich sein,
denn du bist nie mehr wirklich allein!

Deine ganz tiefe Sehnsucht ist zu Ende,
denn dein Seelenvogel wohnt bei dir,
in deinem Herzen.

Er singt deine Seelenmusik,
und je mehr dein Mut wächst, ihr zu folgen,
umso mehr beginnen deine Augen
von Innen her zu leuchten...

Dein Seelenvogel liebt das Leben.
Er freut sich über den Sonnenschein
und den Regen.

Er läßt sich vom Wind
in unbekannte Gebiete tragen
und ist neugierig auf alles, was vor ihm liegt.

Dies ist der Beginn einer neuen Reise.
Denn ab jetzt kannst du deine eigene Seelenmusik
immer dann hören,
wenn du still wirst und fragst,
welcher Weg für dich der richtige ist.